Les Aventures de Piper

Piper Apprend à Servir

(Livre 2)

Dave Osborn

Les Aventures de Piper
Piper Apprend à Servir
(Livre 2)

© 2024 Dave Osborn

Adriel Publishing

PREMIÈRE ÉDITION

TOUS DROITS RÉSERVÉS. Aucune partie de ce livre ne peut être reproduite, sous quelque forme que ce soit, y compris par la photographie, la xérographie, la diffusion, la transmission, la traduction dans n'importe quelle langue, ou l'enregistrement, sans autorisation écrite de l'éditeur. Les critiques peuvent citer de brefs extraits dans des articles ou des critiques.

Imprimé aux États-Unis.

Conception de la couverture par Book Cover Station

ISBN: 979-8-9912658-1-2

www.DaveOsbornBooks.com

DEDICACE

Ce livre est dédié aux professionnels de la santé qui, dans des milliers d'établissements de soins à travers le pays, prennent soin des patients dans les hôpitaux, les centres de rééducation, les centres de soins palliatifs et les centres de soins pour mémoire. Leur carrière est véritablement une vocation, et les animaux de thérapie travaillent à leurs côtés en tant que partenaires pour offrir un niveau supplémentaire de confort et de soins aux patients et aux visiteurs.

Il est nécessaire d'avoir davantage d'animaux de thérapie, et j'espère que ce livre encouragera les propriétaires d'animaux à explorer et à suivre cette voie de service.

Prologue pour les parents

Dans **Piper Trouve Son Foyer**, j'ai raconté l'histoire vraie d'un chiot errant que j'ai trouvé dans les rues et les champs de Harlingen, au Texas. J'ai ensuite relaté son sauvetage, son adoption, et sa remise en forme physique pour devenir un animal de compagnie en bonne santé, obéissant et parfaitement socialisé.

Dans **Piper apprend à servir**, mon objectif est d'expliquer comment certains animaux – principalement des chiens – dotés d'un bon tempérament et d'un comportement obéissant sont nécessaires dans tout le pays pour des visites d'animaux de thérapie dans les hôpitaux, les hospices, les centres de rééducation, les écoles et les centres communautaires. L'effet thérapeutique du contact personnel avec des animaux de thérapie spécialement formés est remarquable, documenté, et en pleine croissance.

Piper et moi formons maintenant une équipe de thérapie. Nous avons choisi de nous affilier avec Pet Partners, car ils ont une envergure nationale, un programme de formation et de soutien exceptionnel, et se consacrent pleinement à l'amélioration de la santé grâce aux interventions assistées par les animaux. Amener un animal de thérapie dans un environnement avec des patients blessés, malades et/ou en difficulté comporte plusieurs types de risques – et Pet Partners fait un excellent travail pour sensibiliser les équipes de thérapie potentielles à ces risques et les former à les gérer de manière professionnelle. Toutes les équipes de thérapie de Pet Partners sont bénévoles – nous effectuons ce travail parce que nous y croyons, et non pour un salaire.

Le processus de certification chez Pet Partners est complexe et exigeant. Tout d'abord, j'ai dû suivre une formation en ligne de 8 heures, réviser un manuel de 114 pages, puis réussir l'examen de compétence. Ensuite, j'ai dû faire examiner Piper une fois de plus par le Dr Shelly Mitchell, puis compléter l'affidavit médical à inclure dans le dossier d'enregistrement de Piper. Nous avons ensuite trouvé un centre d'évaluation et, après avoir révisé toutes les commandes de l'obéissance que Jaime Benitez de K9 Consultants lui avait enseignées, nous nous y sommes rendus et avons été évalués en tant qu'équipe. L'évaluateur a porté autant d'attention à moi qu'à

Piper pour s'assurer que nous fonctionnions vraiment comme une équipe professionnelle et que nous ne nous mettions pas en danger une fois que nous aurions commencé les visites.

Ce fut un processus long et difficile, mais les résultats en valaient la peine. J'espère que vous apprécierez la lecture du **Livre 2 des Aventures de Piper : Piper apprend à servir.**

Dave Osborn

Chapitre 1
Je Suis Grande Maintenant !

Je ne souffre plus de la faim, et j'en suis très reconnaissante.

Dave et Marilyn prennent grand soin de moi, et je suis maintenant une chienne adulte en bonne santé, et non plus un chiot malade et errant !

Je me suis liée d'amitié avec tous les chiens du quartier, et j'ai même un ami chat qui vit à côté !

Je reste en forme grâce à mes promenades quotidiennes avec Dave, et je me sens en pleine forme ! D'ailleurs, je suis tellement en bonne santé que le Dr Shelly a suggéré à Dave que je devrais perdre deux kilos ! Dave est un excellent chef de grillades, et ses côtes de porc sont délicieuses.

Maintenant que je suis adulte, Dave veut commencer une formation spéciale pour que je devienne un chien de thérapie et que je puisse aider les personnes qui ont besoin du réconfort qu'un animal de thérapie peut offrir.

Je suis prête à suivre la formation et à devenir chien de thérapie en équipe avec Dave ! J'ai hâte de commencer !

Chapitre 2
Dave Devient Maître-Chien d'Animaux De Thérapie !

La première étape consistait à faire approuver Dave en tant que « maître » d'animaux de thérapie, c'est-à-dire quelqu'un qui accompagne un animal de thérapie lors des visites.

Dave a suivi la formation pendant plusieurs heures sur son ordinateur et a réussi son examen du premier coup !

Ensuite, je suis allée voir le Dr Shelly pour obtenir un certificat médical prouvant que je suis en bonne santé et apte à accomplir les tâches d'un animal de thérapie avec Dave.

Le Dr Shelly m'a examinée et approuvée, et elle était ravie que j'aie perdu un peu de poids ! Elle a dit que je ferais un merveilleux chien de thérapie !

Maintenant, il est temps pour moi de m'entraîner et de me préparer pour mon évaluation en tant que chien de thérapie. Je suis vraiment enthousiaste et j'ai hâte de commencer !

Chapitre 3

Je Commence Ma Formation !

Pour débuter ma formation, Dave et Marilyn m'ont confiée à Jaime Benitez de K9 Consultants pour trois semaines, le temps de leur départ en vacances.

Jaime était chargé de me nourrir, de m'héberger et de m'enseigner certaines leçons d'obéissance dont j'aurais besoin pour ma future mission.

J'ai appris que je suivrais la formation selon le programme de thérapie de Pet Partners, et Dave m'a expliquée que l'évaluation serait très similaire au test Canine Good Citizen de l'American Kennel Club.

Dave m'a expliqué que le terme 'canine' signifie 'chien', et que la partie 'bon citoyen' fait référence à la capacité d'obéir à 10 commandes de base.

Je connaissais déjà quelques commandes d'obéissance grâce au jardin d'enfants pour chiots, donc je pensais que ce serait facile. J'avais tort – cela ne s'est pas du tout déroulé comme je l'avais imaginé.

Chapitre 4
C'est Plus Difficile Que Je ne le Pensais !

Il y avait beaucoup de chiens en formation chez K9 Consultants – peut-être 20 en tout !

La plupart de ces chiens étaient plus âgés que moi et semblaient en savoir beaucoup plus. Ils paraissaient tous très intelligents et très sûrs d'eux, ce qui m'a rapidement rendue nerveuse et inquiète quant à mes propres performances.

Beaucoup de ces chiens possédaient également des 'papiers', ce qui signifie que tous leurs parents et grands-parents étaient de la même race.

Tous mes parents et grands-parents étaient d'origines variées, ce qui me faisait penser que ces chiens étaient probablement meilleurs que moi.

Alors que certains des chiens étaient formés pour devenir des chiens de thérapie, beaucoup d'autres étaient entraînés pour devenir des chiens détecteurs de drogue au service de la patrouille frontalière des États-Unis.

Il faut un type de chien au caractère particulier pour accomplir cela, et ils doivent également être extrêmement intelligents.

À plusieurs reprises, ces chiens distingués me dévisageaient comme s'ils se demandaient : 'Que fais-tu ici ?' Cela m'a fait douter de ma capacité à rivaliser avec eux.

J'ai découvert que tous ces chiens venaient de chenils spécialisés et étaient coûteux à l'achat. Je viens d'un fossé sale et j'ai eu de la chance d'être adoptée.

Comment pourrais-je jamais rivaliser avec eux ?

Chapitre 5
Ma Formation, Première Semaine

La première semaine avec Jaime a été difficile. Les autres chiens semblaient bien mieux répondre aux commandes. Il y avait tellement de commandes à retenir que cela m'a paru vraiment compliqué.

Heureusement, Jaime et son assistant Javier ont fait preuve d'une grande patience et ont répété les commandes jusqu'à ce que je les mémorise et sache exactement quoi faire.

Je tenais à réussir et à ne pas décevoir Dave et Marilyn.

Je savais qu'ils me garderaient même si je ne réussissais pas, mais je craignais qu'ils abandonnent l'idée de me former pour le service.

Je tiens vraiment à servir, et je commençais à avoir peur.

Chapitre 6
Ma Formation, Deuxième Semaine

Au cours de ma deuxième semaine de formation, les choses se sont améliorées, et j'ai réussi à me souvenir de la plupart des commandes.

Jaime et Javier m'ont félicitée pour mes progrès et m'ont assuré que je deviendrais un excellent chien de thérapie.

J'étais soulagée, car j'aime les gens et j'ai un réel désir d'aider ceux qui sont malades, seuls ou déprimés.

J'aime particulièrement les enfants et j'espère pouvoir un jour visiter des écoles et des salles de classe.

À la fin de la deuxième semaine, j'ai réalisé que j'avais **vraiment** envie de réussir – et que j'en étais tout à fait **capable !**

Chapitre 7
Mon Évaluation Comme Chien de Thérapie

À leur retour de vacances, lorsque Dave et Marilyn sont venus me chercher, Jaime a effectué l'évaluation de Pet Partners pour Dave et moi.

La première étape consistait à m'approcher d'un inconnu et à le saluer. C'était plutôt simple, car j'aime beaucoup les gens et j'adore les rencontrer. Ce sur quoi je devais me concentrer, c'était de ne pas sauter sur eux, même si j'adore le faire quand je les salue !

Jaime a dit que je suis trop grande pour faire ça maintenant et que je risquerais de faire tomber les gens ! Ce n'est pas bien !

Ensuite, je devais m'asseoir calmement pour recevoir des caresses. C'était facile, car j'ai appris à le faire à la maternelle pour chiots, et Dave me demande de m'asseoir tous les soirs pendant qu'il me caresse et prépare mon dîner.

Jaime évaluait aussi attentivement Dave que moi, lui attribuant même une note pour chaque étape, tout comme à moi !

Ensuite, Jaime a inspecté mon toilettage et mon apparence. C'était facile, car je prends un bain chaque week-end et Dave coupe et brosse mon pelage chaque semaine pour qu'il soit toujours brillant !

Ensuite, j'ai marché en laisse avec Dave autour de la zone d'entraînement. Il me semblait que j'allais un peu trop vite, car Jaime n'arrêtait pas de me demander de ralentir.

J'ai ralenti et marché juste à côté de Dave, puis Jaime m'a fait un signe avec le pouce en l'air !

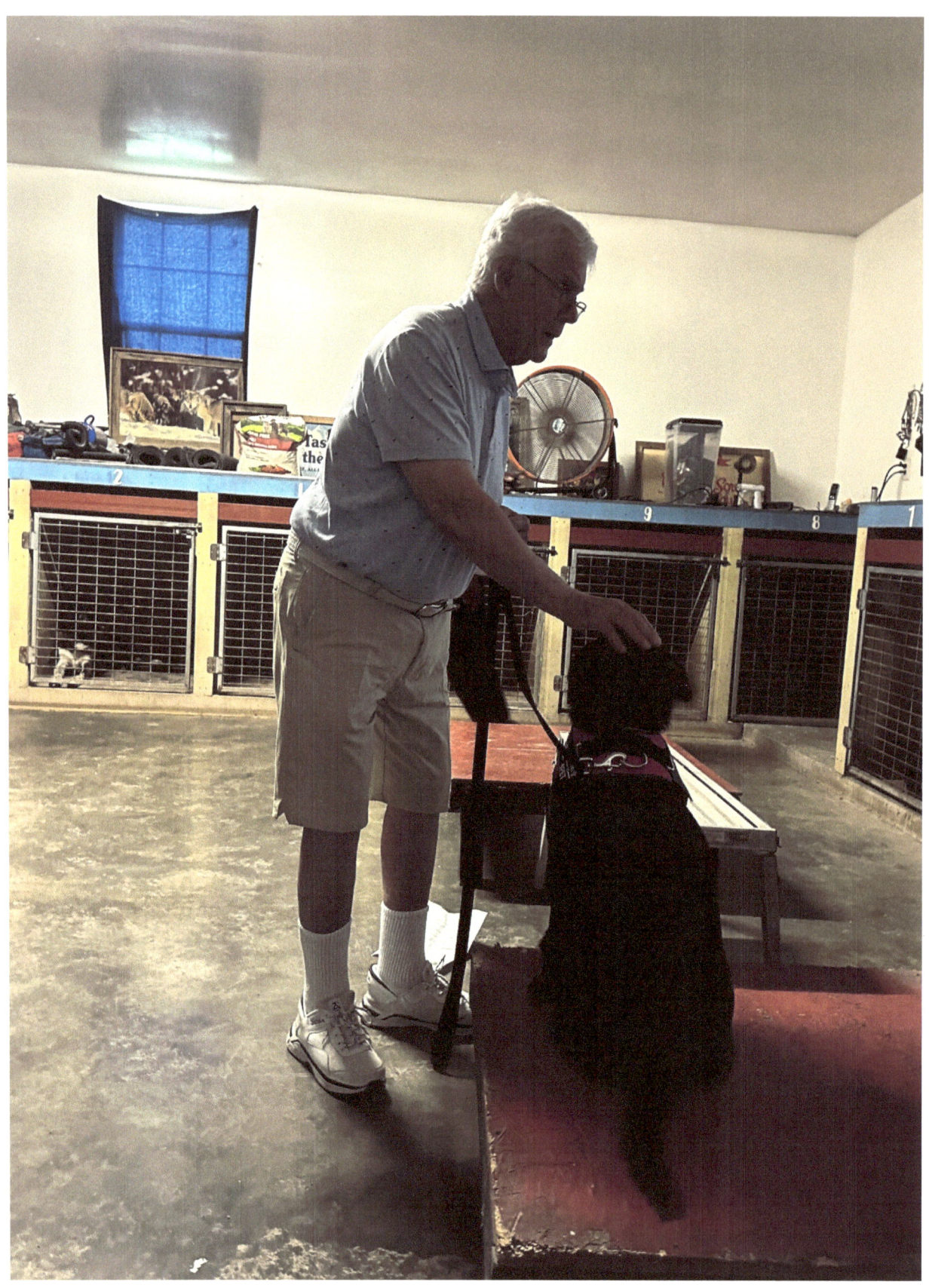

Chapitre 8
Mon Test Se Passe Bien !

Ensuite, il fallait traverser une foule en restant près de Dave. En avançant avec lui, j'ai découvert de nombreuses personnes et choses intéressantes. Je crois que j'ai marché plus lentement que Jaime ne l'attendait, mais il m'a simplement souri.

Après cela, j'ai dû me mettre en position « assise », puis « couchée » à nouveau, ce qui était facile puisque Dave me le fait pratiquer tous les jours.

Ensuite, Dave s'est éloigné d'environ 5 mètres et m'a appelée pour que je vienne vers lui. Je ne faisais pas attention et j'ai mis un peu de temps à réagir, ce qui a conduit Jaime à me faire répéter l'exercice. La prochaine fois que Dave m'a appelée, je suis venue immédiatement et j'ai réussi cette étape !

Le test suivant consistait à évaluer ma réaction envers les autres chiens que je rencontre lors de mon service.

Ce n'est pas facile pour moi, car je ne sais jamais comment réagir avec des chiens inconnus. Sont-ils amicaux ? Vont-ils essayer de me faire du mal ?

J'espère que je n'étais pas trop timide, mais il est important que je reste prudente.

Ensuite, Javier a commencé à faire tomber des casseroles, des outils et des balais, créant ainsi beaucoup de bruit inattendu. Jaime a expliqué à Dave que cette partie du test visait à évaluer ma réaction face à divers bruits forts.

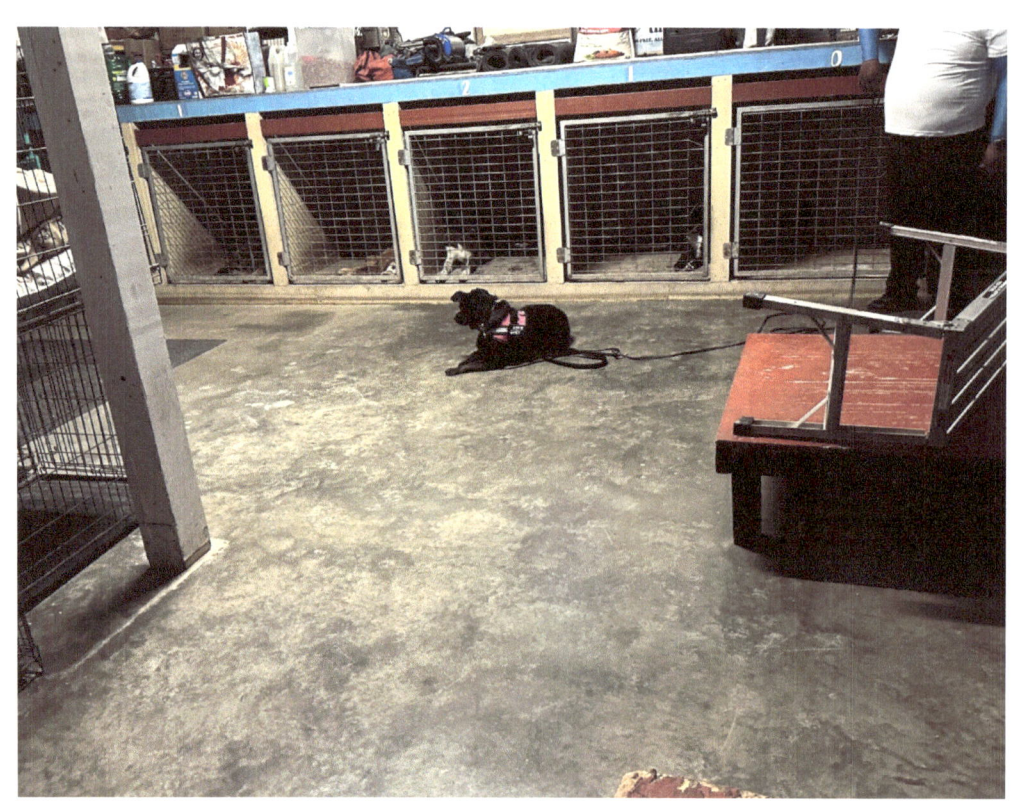

Je n'ai pas beaucoup réagi – le bruit ne me dérangeait tout simplement pas. Jaime a de nouveau souri et a dit que j'avais très bien réussi.

La dernière étape consistait à attendre que Dave revienne sans bouger. C'était une nouveauté pour moi et assez difficile de savoir comment m'y prendre. Dave est parti presque trois minutes, mais je suis restée exactement à l'endroit où il m'avait laissée lorsqu'il est revenu.

Chapitre 9
Nous Avons Réussi Le Test !

Donc, la seule chose que j'ai dû refaire était l'exercice où je devais venir quand on m'appelait.

J'ai écouté attentivement Dave et j'ai réussi au deuxième essai.

Jaime a ensuite regardé Dave et a déclaré : « Vous et Piper avez réussi l'évaluation de l'équipe de chien de thérapie de Pet Partners ! »

J'étais tellement soulagée et heureuse de ne pas avoir déçu Dave et Marilyn, et de me rapprocher de ce que je considère comme ma vocation – aider les gens !

Plus tard dans la semaine, Dave a envoyé les documents à Pet Partners pour nous inscrire en tant qu'équipe de thérapie !

Maintenant, nous devons trouver quelqu'un qui nous donne une chance de travailler en tant qu'équipe de thérapie !

Pet Partners Volunteer Registration Card

Registration Type: Handler Team Registration

Handler Name: Dave Osborn

Animal Name: Piper

Team Qualification Rating: Predictable

Special Qualifications, if any: none

Team Expiration Date: August 19, 2026

Chapitre 10
Maintenant, Pour Nos Visites De Thérapie !

L'étape suivante de notre plan était de trouver des lieux prêts à accueillir des équipes de thérapie pour rendre visite à leurs patients et visiteurs.

Pet Partners propose deux niveaux d'enregistrement pour les animaux de thérapie. Le premier est destiné aux environnements tranquilles où le personnel est très impliqué, tels que les maisons de retraite et les centres de réhabilitation.

Un autre niveau d'enregistrement est conçu pour les environnements bruyants et animés, tels que les hôpitaux et écoles.

Dave et moi commencerons par des lieux calmes pour nos premières visites. Une fois que nous aurons acquis un peu d'expérience avec les patients, nous pourrons commencer à nous rendre dans les écoles et les hôpitaux qui accueillent et encouragent la présence des animaux de thérapie.

Dans la vallée du Rio Grande, au sud du Texas, il existe de nombreux centres de réhabilitation, établissements de soins palliatifs pour les personnes gravement malades, maisons de retraite, et centres spécialisés dans les soins de la mémoire.

Nous aurons de nombreuses occasions de rendre visite à ceux qui ont besoin de nous !

Il y a tant de choses passionnantes que Dave et moi allons découvrir ensemble. Nous aurons également l'occasion de rencontrer des personnes formidables lors de nos visites de thérapie – mais cela est une autre histoire !

Dave Osborn

En tant qu'ancien directeur général de la technologie, Dave poursuit sa passion de toute une vie pour l'écriture et travaille actuellement sur plusieurs projets destinés à des publications en ligne et hors ligne.

Sa profonde affection pour les chiens transparaît également, alors n'hésitez pas à chercher d'autres ouvrages relatant ses aventures avec Piper, son compagnon canin et chien secouru.

Dave occupe également un siège au conseil d'administration de l'American Dog Society.

Parmi ses loisirs, la voile occupe une place privilégiée, et il possède des certifications de voile tant aux États-Unis qu'à l'international. Dave trouve aussi du plaisir dans la chasse aux oiseaux dans le sud du Texas, la pêche en bord de mer, et nourrit une passion pour le barbecue. De plus, il est fan de musique bluegrass et aime jouer du piano, de la guitare, de la basse et du banjo à cinq cordes.

Dave est titulaire d'un diplôme en sciences de l'université Stephen F. Austin à Nacogdoches, au Texas, et d'une maîtrise en administration des affaires de l'université Texas Christian à Fort Worth, au Texas.

Il réside à Harlingen, au Texas, en compagnie de sa femme Marilyn et de leur chien secouru Piper. Le couple a deux enfants adultes et deux petits-fils qui vivent dans la région de Houston.

Remerciements de l'auteur

Encore une fois, bien que mon nom figure sur la couverture, je dois une grande reconnaissance à :

- **Marilyn Osborn**, ancienne professeure d'anglais devenue doyenne des étudiants et directrice d'école, pour son aide dans la formation de Piper et son perfectionnement. Elle est également une excellente éditrice qui m'a aidé à améliorer la structure des phrases et la rhétorique générale.

- **Jaime Osborn**, enseignante en maternelle et spécialiste de la lecture, pour son aide dans l'adaptation de **Piper apprend à servir** à un niveau de lecture de fin de 3e/début de 4e année. Cela inclut le vocabulaire, la structure des phrases et la syntaxe.

- **Matt et Dara Osborn** pour leurs nombreuses critiques et suggestions.
- **Jaime Benitez**, propriétaire de K9 Consultants, et son assistant **Javier Lerna**, pour les soins exceptionnels qu'ils ont prodigués à Piper lors de son séjour et pour l'excellent travail de formation qu'ils ont fait avec Piper.
- Dr Shelly Mitchell, la formidable vétérinaire de Piper, qui prodigue toujours à Piper des soins médicaux de qualité et un soutien constant.
- Pet Partners, à Bellevue, Washington, pour leurs excellents programmes de formation et leur soutien organisationnel !
- Et bien sûr, Piper Osborn, désormais connue sous le nom de Lady Piper de Retama, le meilleur chien de tous les temps !

Références

Il est fait référence au test Canine Good Citizen de l'American Kennel Club. Des informations plus spécifiques sont disponibles sur le site de l'AKC à l'adresse suivante :

https://www.akc.org/expert-advice/training/step-step-cgc-training/

De plus, Pet Partners est mentionné en tant que sponsor des animaux de thérapie. Plus d'informations sur Pet Partners sont disponibles sur leur site Web à l'adresse suivante :

https://petpartners.org/